La colina que ascendemos

La colina que ascendemos

Un poema inaugural

Amanda Gorman

Prólogo de Oprah Winfrey

Traducción del inglés de
Nuria Barrios

Penguin
Random House
Grupo Editorial

Título original: *The Hill We Climb. An Inaugural Poem for the Country*

Primera edición: mayo de 2021

© 2021, Amanda Gorman
© 2021, Penguin Random House Grupo Editorial, S. A. U.
Travessera de Gràcia, 47-49. 08021 Barcelona
© 2021, Harpo, Inc., por el prólogo
© 2022, Penguin Random House Grupo Editorial USA, LLC.
8950 SW 74th Court, Suite 2010
Miami, FL 33156
© 2021, Nuria Barrios Fernández, por la traducción

Impreso en México - *Printed in Mexico*

ISBN: 978-1-64473-436-0

Compuesto en M. I. Maquetación, S. L.

22 23 24 25 26   10 9 8 7 7 6 5 4 3 2

Prólogo

No son muy frecuentes estos momentos de incan-
descencia, cuando el caos de pena y sufrimiento da
paso a la esperanza. Incluso, quizá, a la alegría.

Cuando la honda angustia que ha oprimido
nuestras almas y ha zarandeado nuestra fe —tan
difícil de expresar y aún más ardua de soportar—
se transforma en algo limpio y puro.

Cuando la sabiduría fluye en cadencias que se
acompasan con la vibración de nuestra sangre, el
latido de nuestros corazones.

Cuando ella, que es la gracia y la paz personi-
ficadas, comprende, al ver dónde hemos estado y

hacia dónde debemos ir, e ilumina el camino con sus palabras.

Ella es exactamente lo que estábamos esperando, esa «flaca chica negra, descendiente de esclavos» que nos ha mostrado nuestro verdadero ser, nuestro legado humano, nuestro corazón. Todos los que la contemplamos partimos con la esperanza fortalecida, maravillados de haber visto la mejor versión de nosotros mismos e intuir quiénes podemos llegar a ser, a través de los ojos y el alma de una chica de veintidós años, la poeta más joven del país en una investidura presidencial.

Mientras calaban en nosotros, sus palabras curaron nuestras heridas e insuflaron vida a nuestro ánimo. Un país «maltrecho pero entero» se levantó de su postración.

Y, al final, el milagro: sentimos cómo el sol atravesaba «la sombra sin fin».

Ese es el poder de la poesía. Y ese es el poder que presenciamos juntos en la investidura del presidente Joseph R. Biden el 20 de enero de 2021.

El día en que Amanda Gorman, plena y radiante, se enfrentó al micrófono y al Momento... y nos regaló *La colina que ascendemos*.

Oprah Winfrey

Read by the poet
at the inauguration of
President Joe Biden.
January 20, 2021

*Leído por la poeta
en la investidura del
presidente Joe Biden.
20 de enero de 2021*

The Hill We Climb

La colina que ascendemos

Mr. President and Dr. Biden,
Madam Vice President and Mr. Emhoff,
Americans, and the World:

Señor presidente y doctora Biden
señora vicepresidenta y señor Emhoff,
norteamericanos y mundo entero:

When day comes, we ask ourselves:
Where can we find light
In this never-ending shade?
The loss we carry, a sea we must wade.

Cuando despunta el día, nos preguntamos:
¿dónde hallaremos luz
en esta sombra sin fin?
La pérdida que portamos, un océano por vadear.

We've braved the belly of the beast.
We've learned that quiet isn't always peace,
And the norms and notions of what «just is»
                              Isn't always justice.

Nos hemos enfrentado al vientre de la bestia.
Hemos aprendido que calma no siempre
   significa paz,
y que las normas e ideas de «lo justo»
                no siempre son justas.

And yet the dawn is ours before we knew it.
                              Somehow, we do it.
Somehow, we've weathered and witnessed
A nation that isn't broken, but simply
    unfinished.

Y sin embargo, nuestro es el amanecer antes
   de lo esperado.
             De alguna manera, lo conseguimos.
De alguna manera, hemos resistido,
testigos de una nación que no está rota,
   sí incompleta.

We, the successors of a country and a time
Where a skinny Black girl,
Descended from slaves and raised by a
 single mother,
Can dream of becoming president,
Only to find herself reciting for one.

Somos herederos de un país y un tiempo
en los que una flaca chica negra,
descendiente de esclavos y criada por una
    madre soltera,
puede soñar con convertirse en presidenta
y verse recitando ante un presidente.

And yes, we are far from polished,
   far from pristine.
But this doesn't mean we're striving to
   form a union that is perfect.
We are striving to forge our union with
   purpose,

Y sí, lejos aún queda lo completo,
    lejos lo puro,
mas eso no significa que nos esforcemos
    por lograr la unión perfecta.
Nos esforzamos por forjar una unión con
    sentido:

To compose a country committed
To all cultures, colors, characters,
And conditions of man.
And so we lift our gazes not
To what stands between us,
But what stands before us.
We close the divide,
Because we know to put
Our future first, we must first
Put our differences aside.

crear una patria comprometida

con todos los colores, las culturas, los caracteres

y circunstancias del hombre.

Y así levantamos nuestra mirada

no hacia lo que se alza entre nosotros,

sino hacia lo que se alza ante nosotros.

Cerramos la brecha

porque sabemos que para emplazar

nuestro futuro antes que nada,

debemos aplazar, antes que nada, nuestras

   diferencias.

We lay down our arms
So that we can reach our arms out to one
  another.
We seek harm to none, and harmony for all.

Deponemos nuestras armas
y tendemos nuestros brazos a los otros.
No buscamos el daño de nadie, sí la armonía
   entre todos.

Let the globe, if nothing else, say this is true:
That even as we grieved, we grew,
That even as we hurt, we hoped,
That even as we tired, we tried.
That we'll forever be tied together.
   Victorious,
Not because we will never again know
   defeat,
But because we will never again sow
   division.

Que sea el mundo el que proclame esta verdad:

pese a nuestra aflicción, maduramos;

pese a nuestro dolor, confiamos;

pese a nuestro cansancio, nos esforzamos.

Permaneceremos unidos para siempre,
   victoriosos,

no porque jamás conoceremos
   la derrota,

sino porque nunca más sembraremos
   la división.

Scripture tells us to envision that:
«Everyone shall sit under their own vine
    and fig tree,
And no one shall make them afraid».
If we're to live up to our own time, then
    victory
Won't lie in the blade, but in all the bridges
    we've made.
That *is the promised glade,*
The hill we climb, if only we dare it:
Because being American is more than a
    pride we inherit—
It's the past we step into, and how we
    repair it.

Las Sagradas Escrituras nos anuncian:
«Cada cual se sentará bajo su parra
   y su higuera,
sin que nadie lo inquiete».
Si debemos vivir acordes con nuestro tiempo,
   la victoria habitará
no en el filo de la espada, sino sobre los puentes
   tendidos.
Ese es el remanso anhelado,
la colina que ascendemos si osamos:
pues ser americano es más que el
   orgullo heredado;
es el ayer que encaramos, y cómo
   lo enmendaremos.

We've seen a force that would shatter our
    nation rather than share it,
Would destroy our country if it meant
    delaying democracy.
And this effort very nearly succeeded.
But while democracy can be periodically
    delayed,
It can never be permanently defeated.

Hemos sido testigos de una fuerza dispuesta a
quebrar nuestra nación antes que a compartirla,
dispuesta a destruir nuestro país para
    demorar la democracia.
Casi triunfó su empeño,
pero la democracia podrá ser periódicamente
    demorada,
mas nunca eternamente vencida.

In this truth, in this faith, we trust.
For while we have our eyes on the future,
History has its eyes on us.

En esta verdad confiamos, en esta fe.

Y mientras nuestros ojos miran hacia el futuro,

los ojos de la Historia miran hacia nosotros.

This is the era of just redemption.
We feared it at its inception.
We did not feel prepared to be the heirs
Of such a terrifying hour.
But within it we've found the power
To author a new chapter,
To offer hope and laughter to ourselves.

Esta es la era de la justa redención.
Temblamos de temor en su inicio
inseguros de estar preparados
para heredar una hora tan terrible.
Pero en ella encontramos el poder
para escribir un nuevo capítulo,
para brindarnos esperanza y júbilo.

So while once we asked: How could we
  possibly prevail over catastrophe?
Now we assert: How could catastrophe
  possibly prevail over us?

Y si antaño nos preguntábamos: ¿acaso
podemos vencer la catástrofe?
Ahora declaramos: ¿acaso la catástrofe
puede vencernos?

We will not march back to what was,
But move to what shall be:
A country that is bruised but whole,
Benevolent but bold,
Fierce and free.

No retrocederemos a lo que era,
avanzaremos hacia lo que será:
un país maltrecho pero entero,
benevolente pero audaz,
libre, fiero.

We will not be turned around,
Or interrupted by intimidation,
Because we know our inaction and inertia
Will be the inheritance of the next
*   generation.*
Our blunders become their burdens.
But one thing is certain:
If we merge mercy with might, and might
*   with right,*
Then love becomes our legacy,
And change, our children's birthright.

No cambiarán nuestro rumbo
ni nos detendrán con intimidaciones,
pues sabemos que nuestra pasividad y nuestra
    inercia
serían la herencia de la generación venidera,
y nuestros errores, su lastre.
Pero poseemos una verdad:
si unimos la clemencia con la fuerza
    y la fuerza con la razón,
el amor será nuestro legado,
y el cambio, el patrimonio de nuestros hijos.

So let us leave behind a country better
    than the one we were left.
With every breath from our bronze-
    pounded chests,
We will raise this wounded world into
    a wondrous one.

Así pues, dejemos tras nosotros un país mejor
que el que heredamos.
Con cada aliento de nuestro golpeado
   pecho broncíneo
transformaremos este mundo herido
   en otro extraordinario.

We will rise from the gold-limned hills
of the West!
We will rise from the windswept
Northeast, where our forefathers first
realized revolution!
We will rise from the lake-rimmed cities
of the Midwestern states!
We will rise from the sunbaked South!

¡Nos alzaremos desde las doradas colinas
   del Oeste!
¡Nos alzaremos desde el Noreste azotado por
   el viento, allí donde, por vez primera,
   nuestros antepasados hicieron la revolución!
¡Nos alzaremos desde las ciudades bañadas
   por lagos de los estados del Medio Oeste!
¡Nos alzaremos desde el agostado Sur!

We will rebuild, reconcile, and recover,
In every known nook of our nation,
In every corner called our country,
Our people, diverse and dutiful.
We'll emerge, battered but beautiful.

Reconstruiremos, reconciliaremos
     y recuperaremos,
en cada esquina conocida de nuestra nación,
en cada pliegue de nuestro país,
nuestro pueblo, diverso y responsable.
Emergeremos, lacerados y hermosos.

When day comes, we step out of the
  shade,
Aflame and unafraid.
The new dawn blooms as we free it,
For there is always light,
If only we're brave enough to see it,
If only we're brave enough to be it.

Cuando despunta el día, abandonamos la
    sombra,
flamígeros, sin miedo.
El nuevo amanecer, libre al fin, florece,
pues siempre hay luz,
si tenemos valor para ver la luz,
si tenemos arrojo para ser luz.

Amanda Gorman (1998) es la poeta más joven que ha inaugurado una investidura presidencial en la historia de Estados Unidos. Activista comprometida con el medio ambiente, la igualdad racial y la justicia de género, su poesía ha aparecido en *The Today Show*, *PBS Kids*, *CBS This Morning*, *The New York Times*, *Vogue*, *Essence* y *O, The Oprah Magazine*. Es la primera Poeta Juvenil Laureada Nacional de Estados Unidos y durante sus estudios en la Universidad de Harvard pasó una temporada aprendiendo español en Madrid. Se graduó con calificación *cum laude* y ahora vive en Los Ángeles, su ciudad natal. Tras la edición de su poema inaugural, *La colina que ascendemos*, Lumen publicará próximamente *La colina que ascendemos y otros poemas* y el libro ilustrado *La canción del cambio*.

www.theamandagorman.com

La crítica ha dicho...

«Con sus palabras vigorosas y conmovedoras, nos recuerda el poder que cada uno de nosotros tiene para defender nuestra democracia. ¡Sigue brillando, Amanda!»

MICHELLE OBAMA

«Gracias, Amanda Gorman, por abrir la puerta de esta manera tan histórica.»

ELVIRA SASTRE

«Una estrella de la literatura y un símbolo de rebeldía. [...] Cualquiera entiende que el género del poema de Capitolio es difícil. [...] *La colina que ascendemos* ha cumplido con su función: ha emocionado a millones de estadounidenses y se ha convertido en un símbolo para el optimismo en un país herido. [...] Y hasta la poesía, tan celebrada en los últimos meses, adquiere con el éxito de Gorman un renovado valor de resistencia moral, de fortaleza en la debilidad.»

LUIS ALEMANY, *El Mundo*

«Amanda dio una clase magistral: se enfrentó al poder con la verdad y encarnó la esperanza transparente de una nación cansada. Nos desenmascaró a nosotros mismos. Y ahí va la mejor parte: estoy seguro de que habrá muchos más momentos como este. Ahora el mundo sabe el nombre de la poeta.»

LIN-MANUEL MIRANDA, *Time*

«Un poema de ritmo bello para una ocasión especial, que vivirá mucho más allá del tiempo y del espacio para el que fue compuesto. Amanda Gorman lo recitó con gracia y sus palabras resonarán en el mundo entero: hoy, mañana, y en el futuro lejano.»

WILL GOMPERTZ, *BBC*

«Sus versos están llenos de los problemas que agobian a su generación, la marginalidad de las minorías, el cambio climático, la desigualdad económica o el racismo. Su estilo es el de alguien dispuesto a superar obstáculos.»

LUIS PABLO BEAUREGARD, *El País*

«La poesía de Gorman es un grito por la justicia social.»

BEATRIZ NAVARRO, *La Vanguardia*

«Amanda posee un poderoso espejo: todos aquellos que se miran en él se ven mejores. [...] Y encarna un futuro que suena con latido, un faro para los jóvenes achicados por la precariedad y la pandemia que acorta sus pasos. ¡Ah, esa frescura, Amanda, capaz de combatir el persistente olor a vinagre!»

JOANA BONET, *El País*

«Esta poeta afroamericana de veintidós años ha golpeado muchos hogares como un ciclón erigiéndose en una de las voces de la poesía más refrescante.»

El Confidencial

«La joven y la palabra. [...] Gorman y su generación pueden seguir pensando que otro futuro es posible.»

CRISTINA MANZANO, *El País*

«Amanda Gorman ha conseguido conectar porque condensa varios fenómenos sociales actuales: desde el empoderamiento de la mujer hasta (especialmente) el movimiento Black Lives Matter.»

PATRICIA RODRÍGUEZ, *SModa* de *El País*

Próximamente en Lumen

La colina que ascendemos y otros poemas

El poemario de debut de la primera
Poeta Juvenil Laureada de la historia
de Estados Unidos

A la venta el 21 de septiembre de 2021

La colina que ascendemos de Amanda Gorman
se terminó de imprimir en mayo de 2021
en los talleres de
Litográfica Ingramex, S.A. de C.V.
Centeno 162-1, Col. Granjas Esmeralda, C.P. 09810,
Ciudad de México.